BIOGRAPHIE

LOUIS-NAPOLÉON BONAPARTE

PRÉSIDENT DE LA RÉPUBLIQUE FRANÇAISE,

OU

ARCHIVES POUR SERVIR A SON HISTOIRE POLITIQUE;

*Avec le nom que je porte, il me faut l'ombre
d'un cachot ou la lumière du pouvoir!*
(*Ham*, 13 *janvier* 1841. LOUIS-NAPOLÉON.)

PARIS. — JANVIER 1852.
CHEZ TOUS LES LIBRAIRES DE LA FRANCE.

PARIS, TYPOGRAPHIE PLON FRÈRES,
30, RUE DE VAUGIRARD.

BIOGRAPHIE

DU PRINCE

LOUIS-NAPOLÉON BONAPARTE.

Si la renommée était aux ordres des sages, ses plus belles couronnes seraient réservées aux vertus éminentes et, dans l'intérêt de l'humanité, ses faveurs proportionnées à l'importance des services rendus ou des sacrifices faits à la patrie; alors, sans doute, le courage civique obtiendrait la gloire la plus éclatante. Mais les peuples, qui en sont les dispensateurs, ne mesurent d'ordinaire la célébrité ni au degré d'estime qu'ils accordent à leurs grands hommes, ni même à leurs vrais intérêts. Plus épris de l'éclat que de la solidité des choses ou des hommes qu'ils admirent, ils donnent souvent plus de place dans leurs souvenirs à l'audacieuse ambition de leurs dominateurs qu'au dévouement et au désintéressement de leurs défenseurs les plus vertueux, aux sanglants exploits des conquérants qu'aux sages mesures gouvernementales qui peuvent amener la paix, et, jusque dans le domaine des arts, on les voit prodiguer les applaudissements aux plus futiles productions, quand des œuvres d'un mérite transcendant n'obtiennent qu'à regret de tardifs hommages.

Quelles que soient les causes de ces inégalités dans la répartition des faveurs de la renommée, son injustice même est, pour l'écrivain consciencieux, un motif plus pressant de rehausser, autant qu'il le peut, les qualités éminentes du citoyen qui a constamment préféré l'accomplissement de ses devoirs aux séductions des richesses, et la satisfaction des acclamations d'un peuple à l'appât de la royauté ou d'une couronne d'empereur.

Tel se montra, dans toutes les phases de sa carrière politique, le prince Louis-Napoléon, dont nous voulons esquisser aujourd'hui la vie.

I.

Le prince Louis-Napoléon est né le 20 avril 1808, à Paris, de Louis-Napoléon, roi de Hollande, et de Hortense-Eugénie de Beauharnais, fille de l'impératrice Joséphine. Né près d'un trône royal, bercé sur les genoux de l'empereur Napoléon, sa naissance fut saluée comme celle d'un héritier de la couronne impériale. Tout faisait présager que le jeune prince serait appelé un jour à revêtir la pourpre impériale et à recueillir le plus bel héritage qui ait jamais été donné à un berceau royal.

Une chose à remarquer, c'est la distance énorme qui sépare la naissance du jeune prince de son baptême officiel. Ce ne fut qu'en 1810, et au château de Fontainebleau, qu'il fut baptisé par le cardinal Fesch, allié à la famille impériale. On trouve la signature de l'impératrice Joséphine sur le registre de l'état civil de la dynastie impériale, et celle de Marie-

Louise d'Autriche comme marraine à la cérémonie du baptême.

Le prince Louis-Napoléon eut le petit roi de Rome pour compagnon de sa jeunesse. Une très-vive amitié l'unissait à ce cousin, qui devait plus tard mourir dans le palais des empereurs autrichiens.

Au milieu du faste de l'Empire, le prince Louis fut élevé, par ordre de l'Empereur, d'une manière très-libérale, et initié aux principes de la démocratie. Après ses premières études, sous la direction de M. Hâse, il fut confié aux soins de M. Lebas, fils du conventionnel, qui mit tout son bonheur à inspirer à son élève les principes de la justice et de la générosité, qui sont les apanages des grands princes.

L'éducation du prince Louis-Napoléon fut interrompue un moment par la chute de l'Empire, amenée par la coalition armée de l'Europe, vaincue et humiliée plusieurs fois sur les champs de bataille par l'empereur Napoléon.

A sept ans, Louis-Napoléon dut suivre l'exil de la famille impériale et subir l'affront de l'hospitalité ennemie. On trouve dans un ouvrage publié à Londres le récit des souffrances du jeune prince et des détails authentiques que nous croyons devoir reproduire dans cette notice biographique :

« J'avais été introduit, dit l'auteur, auprès de l'Empereur. Il paraissait triste et soucieux, quoique sa voix fût brève et accentuée, sa pensée claire et précise. J'écoutais avec la plus profonde attention tout ce qu'il me disait, lorsque, détournant les yeux par hasard, je m'aperçus que la porte par laquelle était entré l'Empereur était restée entr'ouverte. J'allais faire un pas pour la fermer, quand je vis tout à coup un petit enfant se glisser dans l'appartement et s'approcher de l'Empereur : c'était un charmant garçon de sept à huit ans, à la chevelure blonde et bouclée, aux yeux bleus et expressifs. Sa figure était empreinte d'un sentiment douloureux ; toute sa démarche révélait une émotion profonde qu'il s'efforçait de contenir.

» L'enfant, s'étant approché, s'agenouilla devant l'Empereur, mit sa tête et ses deux mains sur ses genoux, et alors ses larmes coulèrent en abondance.

» — Qu'as-tu, Louis ? s'écria l'Empereur d'une voix où perçait la contrariété d'avoir été interrompu ; pourquoi pleures-tu ? — Sire, ma gouvernante vient de me dire que vous partiez pour la guerre. Oh ! ne partez pas ! ne partez pas ! — Mais pourquoi ne veux-tu pas que je parte ? ajouta l'Empereur d'une voix subitement adoucie par la sollicitude de son jeune neveu, car c'était le jeune Louis-Napoléon lui-même, le jeune favori de l'Empereur ; pourquoi ne veux-tu pas, mon enfant ? lui disait-il en relevant sa tête et en passant sa main dans ses blonds cheveux. Ce n'est pas la première fois que je vais à la guerre : pourquoi t'affliges-tu ? Ne crains rien, je reviendrai bientôt.

» — Oh ! reprit le jeune prince toujours en pleurant, oh ! mon cher oncle, c'est que les méchants alliés veulent vous tuer ; oh ! laissez-moi aller, mon oncle, laissez-moi aller avec vous !

» Ici l'Empereur ne répondit rien ; la tendresse de cet enfant lui allait au cœur. Il prit le jeune prince sur ses genoux, le serra dans ses bras et l'embrassa avec effusion. En ce moment, animé par cette scène touchante, je ne sais quelle idée me passa par la tête; mais j'eus la sottise de parler du roi de Rome, alors prisonnier de l'Autriche.

» — Hélas! s'écria l'Empereur, qui sait quand je le reverrai?...

» L'Empereur paraissait profondément ému. Bientôt, reprenant toute la fermeté de sa parole : — Hortense! Hortense! appela-t-il; et comme la reine s'était empressée d'accourir, il lui dit : Tenez, emmenez mon neveu, et réprimandez sévèrement sa gouvernante, qui, par des paroles inconsidérées, exalte la sensibilité de cet enfant. Puis, après quelques paroles douces et affectueuses au jeune prince pour le consoler, il allait le rendre à sa mère, quand, s'apercevant sans doute combien j'étais attendri : — Tenez, me dit-il vivement, embrassez-le. Il aura un bon cœur et une belle âme. Et pendant que je couvrais le jeune prince de mes baisers et de mes larmes : Eh! mon cher, ajouta-t-il, c'est peut-être l'espoir de ma race.

» Après les Cent-Jours, la reine Hortense se retira en Bavière auprès de son frère le prince Eugène, mais bientôt quelques tracasseries politiques la forcèrent à quitter Augsbourg, première résidence de son exil, où déjà elle avait pris le titre de duchesse de Saint-Leu. Elle acheta et vint habiter le château d'Arenenberg, dans le canton suisse de Thurgovie. Le plus jeune de ses fils, celui qui fait l'objet de cette notice, profita du voisinage de Constance pour se livrer aux exercices militaires avec le régiment badois en garnison dans cette ville. Quelques années après, il vint au camp de Thun, dans le canton de Berne, et suivit toutes les manœuvres sous la direction de M. Ch. Fournier, ancien colonel du génie de la grande armée.

» Ce fut au camp de Thun qu'il apprit la révolution de juillet. Ses camarades célébrèrent avec lui la résurrection du principe révolutionnaire et le prochain retour en France du jeune prince. « Qui pouvait penser alors, » dit notre bienveillant ami, M. Saint-Edme, « que la famille populaire de l'Empereur serait de nouveau retenue dans l'exil par le gouvernement né de l'insurrection nationale ; que les vengeances de la Sainte-Alliance seraient exercées de nouveau contre le sang du grand homme par la royauté des barricades, et que les infamants traités de 1815 pèseraient sur les parents de Napoléon comme sur la France ? »

C'est dans la célèbre cathédrale d'Augsbourg que Louis-Napoléon reçut la confirmation par le prélat du diocèse. Le prince Eugène, son oncle, voulut lui servir de parrain. Son éducation fit de rapides progrès, et bientôt le jeune prince fut de première force dans les sciences exactes et parvint à parler couramment plusieurs langues étrangères. L'art militaire et la science des manœuvres lui furent enseignés par le général Dufour, alors colonel du génie de la grande armée.

II.

Toujours proscrit par la famille des Bourbons, le prince Louis-Napoléon se rallia à la cause de l'indépendance italienne. Il marcha avec son frère Charles-

Napoléon à la tête des patriotes italiens, et prit Civita-Castellana. Mais la cause de la liberté italienne fut écrasée par le choc des escadrons autrichiens, et le prince Louis-Napoléon eut la douleur de recevoir le dernier soupir de son frère aîné.

Épuisé par la souffrance et la fatigue, poursuivi par la police, il fut sauvé à Ancône par sa mère, qui se montra dans cette circonstance difficile ce qu'elle a toujours été, la mère passionnée et dévouée. Sous le nom d'une dame anglaise et à l'aide d'un passeport anglais, elle a pu traverser avec son fils malade toute l'Italie, et arriver à Paris le 20 mars 1831.

Le prince et sa mère prirent un appartement rue de la Paix, mais la police de la monarchie de Juillet fut effrayée de cette arrivée subite et intima aux deux proscrits l'ordre de quitter la France. C'est pendant ce court séjour à Paris que le prince Louis-Napoléon demanda vainement aux maréchaux Soult, Gérard, et aux généraux Pajol, Petit et Gourgaud, la faveur de servir dans l'armée française. Un refus basé sur des considérations politiques illusoires fut donné, et le prince quitta Paris pour se rendre à Londres, où, après un court séjour, il retourna à Arenenberg, résidence de la reine Hortense.

La résidence d'Arenenberg est située dans le canton suisse de Thurgovie et fut créée par la reine Hortense, afin de faire revivre les splendeurs du règne de l'Empereur. Les peintures, les sculptures, tout en un mot était fait pour évoquer les grandes traditions de l'Empire. La reine Hortense, qui avait la popularité de la grâce et du sentiment au plus haut degré, embellissait ce domaine. Du fond de cette retraite aimée, elle jetait encore sur la France le charme de sa résignation, comme elle jetait au plus haut point de la puissance de l'Empereur l'éclat de sa grâce, de sa bonté et de sa charité.

C'est dans cette retraite et près de cette mère tant aimée que Louis-Napoléon se livra à des travaux éminents sur la politique et l'art militaire. Il y écrivit, dit un auteur, sous la dictée de sa mère, des mémoires qui, s'ils paraissent un jour, rectifieront bien des erreurs commises par MM. Constant, Bourrienne et mademoiselle Cochelet.

On rapporte du séjour du prince Louis-Napoléon à Arenenberg l'anecdote suivante : « Le prince allait souvent se promener à cheval dans les montagnes des environs. Un jour, arrivé près d'un petit village, sur le plateau élevé qui domine le lac de Constance, son attention fut attirée par les cris d'une foule effrayée. Deux chevaux attelés à une légère calèche avaient pris le mors aux dents et s'élançaient dans la direction d'un affreux précipice. Le cocher avait été renversé et une dame seule avec deux enfants dans la voiture poussait des cris déchirants. Mais le prince a vu le danger, et aussitôt, lançant son cheval de toute sa vitesse à travers les champs et les ravins, pour devancer la voiture, il l'atteint sur le bord de l'abîme, saisit l'un des chevaux par le mors et le détourne d'une main si vigoureuse que l'animal s'abat et que la voiture s'arrête aux applaudissements de la population accourue en reconnaissant le prince dans ce hardi cavalier. »

Le joug de fer de la Russie qui pesait sur la malheureuse et noble Pologne amena l'insurrection de 1831. Varsovie fit un appel aux armes et s'adressa à toutes les nobles âmes pour cette guerre d'émancipation. Le prince Louis-Napoléon ne fut pas oublié. La lettre suivante vint le trouver dans sa retraite d'Arenenberg :

« A qui la direction de notre entreprise pourrait-elle être mieux confiée qu'au neveu du plus grand capitaine de tous les siècles? Un jeune Bonaparte apparaissant sur nos plages, le drapeau tricolore à la main, produirait un effet moral dont les suites sont incalculables. Allez donc, jeune héros, espoir de notre patrie, confiez à des flots qui connaîtront votre nom la fortune de César et, ce qui vaut mieux, les destinées de la liberté. Vous aurez la reconnaissance de vos frères d'armes et l'admiration de l'univers.

> » Le général KNIAZEWIE,
> » Le comte PLATER, etc.

» 28 août 1831. »

Cette noble cause de la liberté contre la tyrannie devait trouver de l'écho dans le cœur du neveu de l'Empereur. Aussi, malgré les supplications de la reine Hortense, le prince Louis-Napoléon prit la route de Varsovie; mais il arriva trop tard, car, à la frontière, il apprit le désastre de l'armée polonaise et l'entrée des Russes dans la capitale de la Pologne.

Navré de douleur, il reprit le chemin d'Arenenberg pour se dévouer tout entier à sa mère et aux études politiques. De 1831 à 1832, Louis-Napoléon publia ses *Rêveries politiques*, ses *Considérations militaires sur la Suisse* et, en 1834, son *Manuel pour la Suisse*.

Les études philosophiques et les travaux d'écono-
mie politique du prince Louis-Napoléon, poursuivis
avec un zèle infatigable, portèrent bientôt leur fruit.
Sa brochure intitulée *Considérations militaires sur la
Suisse* annonça un beau talent de penseur et d'écrivain; elle fit une grande sensation dans le monde
diplomatique et dans l'esprit des gens de guerre.
D'une part, toutes les constitutions des différents cantons y étaient examinées, décrites et analysées avec
une sagacité bien étonnante dans un si jeune publi_
ciste. On y reconnut le coup d'œil et la raison éclai-
rée d'un homme d'État déjà mûr; les hautes vues y
abondaient. L'Helvétie en fut vivement frappée, elle
y applaudit avec chaleur, car elle entrevit dans cette
brochure les éléments d'une meilleure organisation
républicaine dans l'avenir. D'une autre part, la question militaire y était traitée d'une manière large et
savante. Le prince y établissait un système de ligne
de défense, qui, franchement adopté par la diète
helvétique, rendrait la république presque inabor-
dable aux hostilités des puissances absolutistes. Cette
partie de la brochure a des traits qui rappellent le
fameux chapitre de Bonaparte, sur le système dé-
fensif de l'Italie. La parenté est dans l'âme comme
dans le sang.

Le gouvernement helvétique, pour donner plus de
prix et plus d'éclat à cette hospitalité que le prince
payait si bien en talents et en œuvres d'utilité pu-
blique, lui décerna, par acclamation et à l'unanimité,
le titre honorifique de citoyen de la république suisse.
Cette qualité n'entraîne pas la naturalisation. Cette
marque d'honneur avait été déférée à deux grands

personnages politiques : une fois au maréchal Ney, lors de la médiation ; une autre fois au prince de Metternich, sous l'influence des événements de 1815, par l'aristocratie de Berne.

Devenant plus populaire et plus aimé de jour en jour, le prince Louis-Napoléon ne tarda pas à recevoir du gouvernement de la Suisse un témoignage plus distingué de son estime et de sa confiance; dans le mois de juin 1834, il fut nommé capitaine d'artillerie au régiment de Berne.

Vers la fin de 1835, après trois ans de laborieuses recherches, de graves méditations sur l'art de l'artillerie et des études approfondies, après un long travail d'expériences pratiques, le prince Louis-Napoléon s'est placé au premier rang des écrivains et des tacticiens militaires, par la publication d'un ouvrage des plus substantiels sous le titre modeste de *Manuel pour la Suisse*. C'est un cours à l'usage de toutes les nations modernes; mais on voit que, pour le jeune auteur, c'est toujours la France qui est à l'horizon de sa pensée. Il y explique de la manière la plus lumineuse le génie de Napoléon dans les grandes manœuvres de ses grands jours de victoire. Le *Spectateur militaire*, la presse nationale de France, les journaux suisses et anglais en ont parlé comme d'une œuvre capitale, comme du meilleur traité d'artillerie qui existe en Europe [1] !

L'éclat que jetaient ces travaux sur le nom de Louis-Napoléon faisait la joie et le bonheur de la reine Hortense. Elle avait rêvé pour son fils de hautes

---

[1] Voyez la Biographie de Louis-Napoléon par MM. Germain Sarrut et Saint-Edme. 1836.

destinées et tout semblait promettre la réalité de ses rêves. En mère aimante et dévouée, elle aurait voulu lire dans l'avenir pour connaître les destinées de son fils. Aussi la reine Hortense n'épargnait rien pour satisfaire sa curiosité à ce sujet. L'auteur du portrait politique de Louis-Napoléon raconte l'anecdote suivante : « C'était en 1834. La reine Hortense se trouvait à Rome. Un jour, un magnétiseur fameux fut appelé chez elle pour être mis en présence d'une négresse somnambule qui avait déjà produit des phénomènes remarquables. La somnambule fut bientôt endormie. La reine Hortense n'avait qu'une pensée fixe, et cette pensée venait de son cœur. Elle croyait son fils Napoléon-Louis destiné à ramasser le sceptre et l'épée tombés des mains du héros dans sa glorieuse défaite. Aussi multipliait-elle les questions pour essayer de pénétrer l'avenir. Enfin, la somnambule, comme inspirée, s'écrie tout à coup : Ah! je le vois heureux et triomphant, une grande nation le prend pour chef. — Pour empereur, n'est-ce pas? s'écrie la mère haletante et transportée. — Pour empereur? répliqua la somnambule, jamais!... »

C'est pendant les derniers temps de son séjour à Arenenberg et lors de son voyage à Bade que le prince Louis-Napoléon conçut la tentative de Strasbourg.

III.

Le pouvoir de la monarchie sortie des barricades de juillet 1830, mal affermi, était déjà en 1836 bien près de sa ruine. L'Europe commençait à se méfier de cette royauté du hasard et s'attendait à un grand événement. Les régicides armaient leurs bras. Les partis conspiraient : c'était un moment critique qui ouvrait la porte à toutes les prétentions et à toutes les ambitions.

Louis-Napoléon, du fond de son exil, se tenait au courant des événements et était prêt à venir réclamer l'héritage glorieux de son oncle. Tout était disposé pour le rôle que sa destinée l'appelait à remplir.

Au mois de juillet 1836 Louis-Napoléon se rendit à Bade, où il vit le colonel Vaudrey. Tout fut décidé pour la tentative de Strasbourg.

L'histoire a déjà raconté et jugé cette tentative, qui eut lieu le 30 octobre 1836.

Le même jour le prince Louis-Napoléon fut arrêté avec ses partisans et assuma sur lui toute la responsabilité de son entreprise. Le prince resta dix jours au secret. Le 9 novembre le général Voirol, commandant militaire de Strasbourg, et le préfet du département, M. Chopin d'Arnouville, emmenèrent le prince Louis-Napoléon, le firent monter dans une chaise de poste, accompagné d'un lieutenant et de quatre sous-officiers, et il fut conduit à Paris, où il arriva le 12 à deux heures du matin.

Le prince fut reçu par M. Delessert, préfet de police, qui lui annonça la résolution de Louis-Philippe de le faire embarquer à Lorient pour les États-Unis d'Amérique. Le prince arriva à Lorient dans la nuit du 14 au 15 et fut écroué à la citadelle, dont le pont fut immédiatement levé. Il y resta six jours.

Le 21, le sous-préfet l'accompagna jusqu'à bord de la frégate *l'Andromède*, qui faisait voile pour les États-Unis. . . . .

I V.

En 1837 la reine Hortense tomba malade et fit
écrire au prince Louis-Napoléon pour le rappeler près
d'elle. Il arriva juste à temps pour recevoir, le 5 octobre 1837, le dernier soupir de sa mère.

C'est vers cette époque que M. de Montebello, am-
bassadeur de France près du gouvernement suisse,
fut chargé par M. Molé, alors président du conseil
des ministres, de demander l'éloignement du prince
Louis-Napoléon du territoire de la Suisse.

La solution de cette affaire occupa vivement le roi
Louis-Philippe. Tout fut mis en œuvre pour arriver
à l'expulsion du neveu de l'Empereur. La Suisse a
montré qu'elle était prête à faire les plus grands sacrifices pour maintenir sa dignité. Tous les cantons pro-
testèrent contre cette prétention inouïe de la France.
Mais le prince Louis-Napoléon, ayant appris que la
France faisait de cette question une déclaration de
guerre, écrivit, le 22 septembre 1838, une lettre au
Landammann, dans laquelle on lit les passages suivants :

« Le gouvernement français ayant déclaré que le
refus de la Diète d'obtempérer à sa demande serait
le signal d'une conflagration dont la Suisse pourrait
être la victime, il ne me reste plus qu'à quitter un
pays où ma présence est le sujet d'aussi injustes prétentions, où elle serait le sujet de si grands mal-
heurs.

» Je vous prie donc, monsieur le Landammann,
d'annoncer au Directoire fédéral que je partirai dès

qu'il aura obtenu des ambassadeurs des diverses puissances les passe-ports qui me sont nécessaires pour me rendre dans un lieu où je trouverai un asile assuré.

» En quittant aujourd'hui volontairement le seul pays où j'avais trouvé en Europe appui et protection, en m'éloignant des lieux qui m'étaient devenus chers à tant de titres, j'espère prouver au peuple suisse que j'étais digne des marques d'estime et d'affection qu'il m'a prodiguées. Je n'oublierai jamais la noble conduite des cantons qui se sont prononcés si courageusement en ma faveur, et surtout le souvenir de la généreuse protection que m'a accordée le canton de Thurgovie restera profondément gravé dans mon cœur.

» J'espère que cette séparation ne sera pas éternelle et qu'un jour viendra où je pourrai, sans compromettre les intérêts de deux nations qui doivent rester amies, retrouver l'asile où vingt ans de séjour et des droits acquis m'avaient créé une seconde patrie. »

Peu de temps après, le prince Louis-Napoléon quitta la Suisse entouré du respect de tous, et se rendit à Londres.

V.

Le prince Louis-Napoléon fut reçu à Londres avec un grand empressement par la haute aristocratie. Les Anglais ne pouvaient se dissimuler le rôle important que le prince était appelé un jour à remplir. Le *Sun* lui-même, l'un des organes les plus importants de la presse britannique, disait à cette époque : « Les persécutions dont on l'accable prouvent à quel point on le redoute ! »

Le prince mena une vie très-active à Londres. On ne pourra lire sans intérêt la relation suivante de l'emploi de son temps par l'auteur des *Lettres de Londres* :

« Le prince est un homme de travail et d'activité, sévère pour lui-même, indulgent pour les autres. Dès six heures du matin il est dans son cabinet, où il travaille jusqu'à midi, heure de son déjeuner. Après ce repas, qui ne dure jamais plus de dix minutes, il lit les journaux et fait prendre des notes sur ce qu'il y a de plus important dans les nouvelles et la politique du jour. A deux heures, il reçoit des visites; à quatre, il sort pour ses affaires particulières; il monte à cheval à cinq et dîne à sept; puis, ordinairement, il trouve encore le temps de travailler plusieurs heures dans la soirée.

» Quant à ses goûts et à ses habitudes, ils sont ceux d'un homme qui n'apprécie la vie que par son côté sérieux; il ne connaît pas le luxe pour lui-même. Dès le matin, il s'habille pour toute la journée; de toute sa maison, il est le plus simplement mis, quoiqu'il y ait toujours dans sa tenue une certaine élégance militaire. Dès sa plus tendre jeunesse, il méprisait les usages d'une vie efféminée et dédaignait les futilités du luxe. Quoique alors une somme considérable fût déjà consacrée par sa mère à son entretien, c'était toujours la dernière chose à laquelle il pensait. Tout cet argent passait à des actes de bienfaisance, à fonder des écoles ou des salles d'asile, à étendre le cercle de ses études, à imprimer ses ouvrages politiques ou militaires, comme son *Manuel d'artillerie*, ou bien à des expériences scientifiques. Sa manière de vivre a toujours été rude et frugale. »

C'est à Londres que le prince Louis-Napoléon combina sa deuxième entreprise pour rentrer en France afin de ressaisir l'héritage de l'Empereur. C'est au moment où la France entière était réveillée par les souvenirs de celui qui avait promené la grande épée de l'Empire depuis l'extrémité du Portugal jusqu'à l'extrémité de la Baltique, que le prince Louis-Napoléon exécuta son expédition de Boulogne.

VI.

Le 6 août 1840 le prince Louis-Napoléon et ses partisans débarquèrent, vers trois ou quatre heures du matin, à Wimereux, petite anse distante d'une lieue de la ville de Boulogne, par le paquebot anglais *City of Edimbourg*, et se dirigèrent sur Boulogne. Nos lecteurs connaissent déjà, par les récits des journaux de cette époque, les diverses phases de l'affaire de Boulogne, et nous croyons pouvoir nous dispenser d'en rapporter ici les détails.

A neuf heures du matin, le prince Louis-Napoléon fut arrêté et transféré au château où on le garda sévèrement.

Un arrêté royal publié dans le *Moniteur* du 10 août ordonna que la Chambre des pairs fût saisie de cette affaire. Le 18 août la Chambre des pairs, s'étant réunie en cour de justice, constitua sa juridiction et donna acte au procureur général Franck-Carré du dépôt de son réquisitoire. Le 28 septembre s'ouvrirent les débats, et le 6 octobre, malgré la brillante défense de Mᵉ Berryer, le prince Louis-Napoléon fut condamné à l'emprisonnement perpétuel dans une forteresse située sur le territoire continental du royaume. Le prince, en apprenant sa sentence, s'écria : « Au moins j'aurai le bonheur de mourir en France! »

Le fort de Ham fut désigné pour servir de prison d'État au prisonnier de Louis-Philippe.

VII.

La prison de Ham, tel fut pour le prince Louis-Napoléon le résultat de l'affaire de Boulogne. Il accepta son sort avec noblesse et dignité et sembla suivre sa destinée. « Le donjon de Ham, dit l'auteur de son portrait politique, loin de l'effrayer ou de l'attrister, lui apparaissait comme une des fatalités de sa vie et peut-être aussi comme une des étapes de sa fortune. C'était un décor qui surgissait à l'heure marquée et au coup de sifflet du grand machiniste sur la scène de l'histoire vivante et qui devait concourir à la déduction des combinaisons mystérieuses et des péripéties diverses du drame dont il était le héros. Ham était pour lui sur le chemin de l'Élysée. »

A Ham comme à Arenenberg, le prince Louis-Napoléon s'occupa de travaux sérieux et se livra à l'étude. Abonné à tous les journaux de sa patrie et de l'étranger, il se tenait au courant de la politique et du progrès du siècle.

C'est à Ham qu'il rédigea son ouvrage intitulé *De l'extinction du paupérisme*, sur la préface duquel on lit ces mots touchants : *Il est naturel, dans le malheur, de songer à ceux qui souffrent;* son *Analyse de la question des sucres,* ses *Mélanges* et une foule d'articles sur les questions politiques à l'ordre du jour de cette époque.

Le prince Louis - Napoléon devint de sa prison de Ham le collaborateur du *Progrès du Pas-de-Calais* et y publia plusieurs articles qui firent une grande sensation dans la presse française. Le *Journal du Loiret,* répondant à un article du prince, crut devoir lui demander quelle serait sa position en face du rappel de sa famille et de sa mise en liberté; il en reçut la réponse suivante, qui peut être regardée comme la profession de foi démocratique du prince-président :

« *A M. le Rédacteur du* Journal du Loiret.

» Fort de Ham, le 24 octobre 1843.

» Monsieur,

» Je réponds sans hésitation à l'interpellation bienveillante que vous m'adressez dans votre numéro du 18.

» Jamais je n'ai cru et jamais je ne croirai que la France soit l'apanage d'un homme ou d'une famille; jamais je n'ai invoqué d'autres droits que ceux de citoyen français, et jamais je n'aurai d'autre désir que de voir le peuple entier, légalement convoqué, choisir librement la forme de gouvernement qui lui conviendra.

» Issu d'une famille qui a dû son élévation au suffrage de la nation, je mentirais à mon origine, à ma nature, et, qui plus est, au sens commun, si je n'admettais pas la souveraineté du peuple comme base fondamentale de toute organisation politique. Mes actions et mes paroles antérieures sont d'accord avec cette opinion. Si on ne m'a pas compris, c'est qu'on n'explique pas les défaites; on les condamne.

» J'ai réclamé, il est vrai, une première place, mais sur la brèche. J'avais une grande ambition, mais elle était hautement avouable, l'ambition de réunir autour de mon nom plébéien tous les partisans de la souveraineté nationale, tous ceux qui voulaient la gloire et la liberté. Si je me suis trompé, est-ce à l'opinion démocratique à m'en vouloir? est-ce à la France à m'en punir?

» Croyez, monsieur, que, quel que soit le sort que l'avenir me réserve, on ne dira jamais de moi que, pendant l'exil ou la captivité, *je n'ai rien appris ni rien oublié!*

» Recevez l'assurance de mes sentiments d'estime et de sympathie.

» NAPOLÉON-LOUIS BONAPARTE. »

Le temps marchait et le prince Louis-Napoléon supportait avec résignation et sans laisser échapper une seule plainte les douleurs de sa détention. Mais tout à coup la nouvelle de la maladie de son père parvint jusqu'à lui et le força à demander à Louis-Philippe la permission d'aller remplir ses devoirs sacrés de fils, en promettant sur l'honneur de revenir se constituer prisonnier.

Le gouvernement français voulut imposer des conditions que l'honneur de Louis-Napoléon ne permettait pas d'accepter. Il écrivit le 2 février 1846 à M. Odilon Barrot, qui lui avait servi d'intermédiaire auprès du pouvoir, une lettre qui fut généralement approuvée par les amis du prince et même par ceux qui auraient voulu en finir par des concessions. Nous croyons devoir en donner les extraits suivants :

« Ma position est claire et simple, je suis captif; mais je me console en respirant l'air de la patrie. Un devoir sacré m'appelle auprès de mon père, et je dis au gouvernement : Une circonstance impérieuse me force à vous demander, comme un bienfait, de sortir de France. Si vous m'accordez ma demande, comptez sur ma reconnaissance, et comptez-y d'autant plus que votre décision aura l'empreinte de la générosité; car il n'y a aucun compte à faire de la reconnaissance de ceux qui auraient consenti à s'humilier pour obtenir un avantage.

» En résumé, j'attends avec calme la décision du roi, de cet homme qui a, comme moi, traversé trente années de malheur.

» Je compte sur l'appui et la sympathie des hommes généreux et indépendants comme vous.

» Du reste, je m'en remets à la destinée, et je m'enveloppe d'avance dans ma résignation.

» Recevez, Monsieur, la nouvelle assurance de ma haute estime.

» *Signé* NAPOLÉON-LOUIS BONAPARTE. »

La demande du prince Louis-Napoléon de se rendre à Florence fut discutée en conseil de ministres. On se mit à délibérer sur la forme de la demande, sur le sens des phrases, sur les termes employés, et la question filiale fut absorbée entièrement par une question de formes.

Après bien des négociations, lés choses en restèrent là, sur la réponse du prince, qui déclara que, pour arriver au lit de mort de son père, il traversera tout, excepté la honte !

Dès ce moment la résolution du prince fut prise. Depuis quelque temps les ouvriers travaillaient dans l'intérieur du fort, sous la direction d'un garde du génie. Le prince s'est enquis des heures de leur entrée et de leur sortie, de leurs habitudes, de leurs allures.

Le lundi 25 mai 1846, dès sept heures du matin, le prince a revêtu un costume complet d'ouvrier : pantalon en toile bleue, blouse de même couleur, casquette usée, rien n'y manque. Pour se rendre méconnaissable, il a coupé ses moustaches, peint ses sourcils en noir, passé sur son visage une teinte de rouge végétal, et mis une perruque très-noire, mal peignée, dont les mèches de cheveux tombaient jusque sur ses oreilles ; en un mot, tout était fait pour tromper la vigilance la plus sévère.

Après s'être ainsi travesti, le prince a placé sur son épaule une planche de sa bibliothèque ; il est ainsi résolument descendu de son appartement, il a traversé la cour, franchi le guichet lestement et prit le chemin de Saint-Quentin, passa par la Belgique et se rendit à Londres.

VIII.

Le 24 février vint trouver le prince Louis-Napoléon, à Londres, au milieu d'une société d'élite. A peine au courant de ces graves événements, il prit en

hâte la route de Paris et vint se mettre à la disposi-
tion du gouvernement provisoire. Mais l'éclat de ce
nom de Napoléon devait encore une fois donner des
inquiétudes au pouvoir. On fit comprendre, ou plutôt
on prit ce prétexte pour éloigner le prince, que la
présence à Paris d'un neveu de l'Empereur pourrait
devenir une cause d'inquiétude pour la jeune république.

Toujours prêt à tout faire pour assurer le bonheur
de la France, le prince Louis-Napoléon écouta quelques ambitieux et reprit le chemin de son exil. Mais
la nation, par un vote deux fois répété dans l'urne
électorale, rappela près d'elle Louis-Napoléon.

La commission du pouvoir exécutif ne voulut pas
se considérer comme battue et vint proposer à l'Assemblée nationale un projet de décret afin de maintenir, à l'égard de Louis-Napoléon, la loi de 1832 qui
l'exilait du territoire français.

Le 12 juin l'Assemblée repoussa ce projet et admit
dans son sein Louis-Napoléon. Quelques représentants
alliés au parti de la Montagne continuèrent leurs attaques et provoquèrent la lettre suivante du prince
Louis-Napoléon au président de l'Assemblée :

« Londres, 14 juin 1848.

» Monsieur le Président,

» Je partais pour me rendre à mon poste lorsque
j'appris que mon élection servait de prétexte à des
troubles déplorables, à des erreurs funestes. Je n'ai
pas recherché l'honneur d'être élu représentant, parce

que je soupçonnais l'injustice dont j'ai été l'objet; je récuse tous les soupçons, car je n'ambitionnais pas cette élection et encore moins le pouvoir.

» Si le peuple m'impose des devoirs, je saurai les remplir. Mais je désavoue tous ceux qui me prêteraient des intentions ambitieuses que je n'ai pas, et qui se seraient servis de mon nom pour fomenter des troubles.

» Mon nom est avant tout *un symbole d'ordre, de nationalité, de gloire;* et, plutôt que d'être le sujet de troubles et de déchirements, j'aimerais mieux rester en exil.

» Ayez la bonté, monsieur le Président, de faire connaître cette lettre à mes collègues.

» Agréez, etc. [1].

» Louis-Napoléon. »

La lecture de cette lettre à l'Assemblée nationale fit une vive sensation, mais ne désarma pas quelques ennemis du prince. Un nouveau débat s'éleva et se termina par la nouvelle lettre suivante du prince Louis-Napoléon :

« Londres, le 15 juin 1848.

» Monsieur le Président,

» Je suis fier d'avoir été élu représentant du peuple à Paris et dans trois autres départements, c'était à mes yeux une ample réparation pour trente années d'exil et six ans de captivité; mais les soupçons inju-

---

[1] *Moniteur* du 16 juin 1848.

rieux qu'à fait naître mon' élection, mais les troubles
dont elle a été le prétexte, mais l'hostilité du pouvoir
exécutif m'imposent le devoir de refuser cet honneur
qu'on dit avoir été obtenu par l'intrigue. Je désire
l'ordre et le maintien d'une république sage, grande,
intelligente; et, puisque involontairement je favorise
le désordre, je dépose, non sans de vifs regrets, ma
démission entre vos mains.

» Bientôt, j'espère, le calme renaîtra et me per-
mettra de rentrer en France comme le plus simple des
citoyens, mais aussi comme un des plus dévoués au
repos et à la prospérité de mon pays [1].

» LOUIS-NAPOLÉON. »

Tous les partis reçurent avec joie les nobles sentiments exprimés dans la lettre du démissionnaire.
L'Assemblée accepta la démission, mais en stigma-
tisant les calomnies et les haines qui s'étaient posées
contre le prince Louis-Napoléon.

Le pays protesta contre cette démission en don-
nant, dans quatre départements, trois cent mille suffrages au prince Louis-Napoléon. Il fut pour la troi-
sième fois proclamé représentant du peuple. Le
prince, devant une pareille majorité, ne pouvait plus
refuser son mandat. Il se rendit à Paris et fit son entrée à l'Assemblée nationale en prononçant les paroles
suivantes :

« J'ai besoin d'exposer ici hautement, et dès le
premier jour où il m'est permis de siéger parmi vous,
les vrais sentiments qui m'animent.

---

[1] *Moniteur* du 17 juin 1848.

» Après trente-quatre années de proscription et d'exil, je retrouve enfin ma patrie et mes droits de citoyen !

» La République m'a fait ce bonheur ; que la République reçoive ici mon serment de reconnaissance, mon serment de dévouement ! Et que les généreux patriotes qui m'ont porté dans cette enceinte soient certains que je m'efforcerai de justifier leurs suffrages en travaillant avec vous au maintien de la tranquillité, ce premier besoin du pays, et au développement des institutions démocratiques que le peuple a droit de réclamer.

» Longtemps je n'ai pu consacrer à la France que les méditations de l'exil et de la captivité ; aujourd'hui la carrière où vous marchez m'est ouverte. Recevez-moi dans vos rangs, mes chers collègues, avec le même sentiment d'affectueuse confiance que j'y apporte. Ma conduite, toujours inspirée par le devoir, toujours animée par le respect de la loi, ma conduite prouvera, à l'encontre des passions qui ont essayé de me noircir pour me proscrire encore, que nul ici plus que moi n'est résolu à se dévouer à la défense de l'ordre et à l'affermissement de la République. »

Quelques jours après, l'Assemblée nationale lui donna une preuve éclatante de sa sympathie en votant à l'*unanimité des suffrages* le décret suivant :

« *L'article 6 de la loi du 8 avril 1832, relative au bannissement de la famille Bonaparte, est abrogé* [1]. »

Malgré cet acte de sympathie, deux représentants

---

[1] Voir le *Moniteur* du 13 octobre 1848.

crurent devoir continuer leurs attaques malveillantes contre le prince Louis-Napoléon. Le 25 octobre l'attaque ayant été plus vive et trop personnelle, le prince répondit le lendemain de la manière suivante :

« Citoyens représentants, dit-il, l'incident regrettable qui s'est élevé hier à mon sujet ne me permet pas de me taire.

» Je déplore profondément d'être obligé de parler encore de moi, car il me répugne de voir sans cesse porter devant l'Assemblée des questions personnelles, alors que nous n'avons pas un moment à perdre pour nous occuper des graves intérêts de la patrie.

» Je ne parlerai point de mes sentiments ni de mes opinions; je les ai déjà manifestés devant vous, et jamais personne n'a pu encore douter de ma parole.

» Quant à ma conduite parlementaire, de même que je ne me permettrai jamais de demander à aucun de mes collègues compte de celle qu'il croira devoir tenir, de même je ne reconnais à aucun d'eux le droit de m'interpeller sur la mienne. Ce compte, je ne le dois qu'à mes commettants.

» De quoi m'accuse-t-on? D'accepter du sentiment populaire une candidature que je n'ai point recherchée. Eh bien ! oui, je l'accepte, cette candidature qui m'honore; je l'accepte, parce que trois élections successives et le décret unanime de l'Assemblée nationale contre la proscription de ma famille m'autorisent à croire que la France regarde le nom que je porte comme pouvant servir à la consolidation de la société ébranlée jusque dans ses fondements, à l'affermissement et à la prospérité de la République.

» Que ceux qui m'accusent d'ambition connaissent peu mon cœur! Si un devoir impérieux ne me retenait pas au milieu de vous, si la sympathie de mes concitoyens ne me consolait pas de l'animosité de quelques attaques et de l'impétuosité même de quelques défenses, il y a longtemps que j'aurais regretté l'exil.

» On me reproche mon silence! Il n'est donné qu'à peu de personnes d'apporter ici une parole éloquente au service d'idées justes et saines. N'y a-t-il donc qu'un seul moyen de servir son pays? Ce qu'il lui faut, surtout, ce sont des actes; ce qu'il lui faut, c'est un gouvernement ferme, intelligent et sage, qui pense plus à guérir les maux de la société qu'à les venger, un gouvernement qui se mette franchement à la tête des idées vraies pour repousser ainsi, mille fois mieux que par les baïonnettes, des théories qui ne sont pas fondées sur l'expérience et la raison.

» Je sais qu'on veut semer mon chemin d'écueils et d'embûches; je n'y tomberai pas. Je suivrai toujours, comme je l'entends, la ligne que je me suis tracée, sans m'inquiéter, sans m'irriter. Rien ne m'ôtera mon calme, rien ne me fera oublier mes devoirs. Je n'ai qu'un but, c'est de mériter l'estime de l'Assemblée, et, avec cette estime, celle de tous les hommes de bien, et la confiance de ce peuple magnanime qu'on a si légèrement traité hier.

» Je déclare donc à ceux qui voudraient organiser contre moi un système de provocation, que dorénavant je ne répondrai à aucune interpellation, à aucune excitation, qui voudraient me faire parler quand je veux me taire; et, fort de ma conscience, je resterai inébranlable contre toutes les attaques, impassible contre toutes les calomnies [1]. »

L'Assemblée accueillit ce discours par ses acclamations. Le prince Louis-Napoléon prit dès ce moment une part très-active aux travaux de ses collègues et parvint à se faire remarquer par la profondeur et la netteté de ses vues politiques.

IX.

.. Le prince Louis-Napoléon rédigea lui-même son manifeste pour sa candidature à la présidence de la République et en fit la publication le 27 novembre 1848.

Le 10 décembre 1848 le prince Louis-Napoléon fut élu président de la République française par *six millions* de suffrages.

Nous nous dispensons de donner ici la vie du prince Louis-Napoléon de 1848 à 1852; elle sera longuement racontée dans la brochure complémentaire intitulée : *Trois années de présidence ou Actes politiques du Président de la République,* brochure qui paraîtra sous peu.

X.

Le 21 décembre 1851 Louis-Napoléon fut, par *sept millions cinq cent mille* voix, élu président de la République française pour le terme de 10 années.

<hr>

[1] *Moniteur* du 27 octobre 1848.

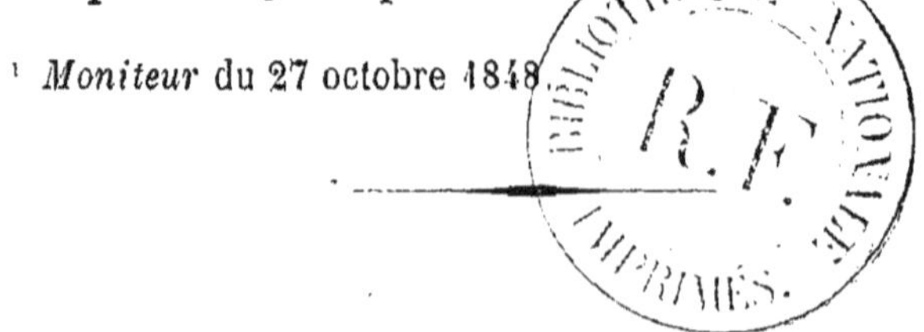